Agradeço e dedico este livro

Às mães e pais com quem trabalhei e aos meninos que possibilitaram a inspiração para este livro e, finalmente à pintora Isabel Aldinhas por ter traduzido para o papel em forma de aguarelas, as minhas ideias.

"Quando olho, sou visto, logo existo"
Winnicott

O despertar para a vida: 1 a 8 meses.

- Olá! Sou o Salvador. Estou ao colo da minha mãe. Ela olha para mim e eu olho para ela. Assim apreendo o amor dela, e vou percebendo quem sou, que existo. Quando ela me olha é como se me visse nos olhos dela... se ela não olha para mim, faço qualquer coisa para ela o fazer. Faço caretas com a língua, olho muito para ela e sorrio, sim eu nasci há dias mas já respondo aos sorrisos da minha mãe.

- Ufa! Ela já olhou...que bom!

- Mas às vezes não preciso de fazer nada, ela passa horas a olhar-me...gosto tanto. É uma boa mãe! E quando vem o pai, ainda gosto mais...é diferente...é outra voz, também me embala e sorri para a mamã. Os meus pais estão muito felizes com a minha chegada. Sei que vou ser uma preocupação para eles, mas sinto-me tão amparado que vai tudo correr bem. A mamã por vezes ainda fica aflita quando me dói a barriguinha, são os meus intestinos que se estão a habituar ao leite materno, mas logo vai passar. Os meus pais conversam muito comigo, faz-me bem ouvir vozes humanas, é assim que aprendo a linguagem, desde que nasci que oiço as vozes deles e já as distingo. A minha mamã já me entende muito bem, percebe os meus diferentes tipos de choro: tenho fome, tenho frio, tenho calor, tenho sono, estou cansado – sim, os bebés também se cansam-, tenho a fralda suja. Quando tenho fome ela aproxima-se de mim e diz:

- Oh meu querido Salvador! Já sei que tens fome, vamos já tratar de ti. Depois de mamar o quanto eu quiser, ela muda-me a fralda e eu fico tão confortável que durmo de imediato.

Por vezes também já faço umas birras para chamar a atenção, ela percebe e não corre logo – deixa-me chorar um pouco, muito pouco-, e só depois vai perguntar o que eu tenho. E, ela sabe logo:

- Queres colo não é meu querido?

E lá vou eu para o sítio onde me sinto mais seguro: para os braços dela. Quando estou acordado quero ficar junto da minha família. Se ficar muito tempo sozinho assusto-me.

§

A partir do 1º mês: rotinas organizadoras.

A minha mamã e o meu papá querem que eu tenha uma boa educação- dizem que me vai preparar para vida-, então conversaram e chegaram a acordo sobre a forma como o vão fazer. A disciplina, ou seja, as regras e limites são muito importantes para as crianças – dizem eles e eu, aceito -, por isso começaram por estabelecer os meus horários: quando me alimento, quando durmo, quando faço o meu banho diário, quando permaneço junto da família ou quando fazemos o passeio diário na rua.

Criaram uma rotina que é muito organizadora para mim. Normalmente há horas fixas para tudo, mas, ocasionalmente tomo banho mais cedo...quer dizer, há regras que não tem que sempre tão tão rígidas...

Por vezes, como já disse atrás, já tenho umas manhas e não quero estar sozinho, mas, também preciso de aprender a estar

7

comigo próprio e, por isso nem sempre me vão buscar ao berço quando reclamo: demoram um bocadinho, e pronto eu acalmo-me e fico a brincar. Aos poucos já me entretenho a brincar com as mãos, com os brinquedos que eles penduraram na minha cama.

Também fico algum tempo acordado e a minha mãe coloca-me junto dela – virado para ela-, e fico a observá-la a ela e ao que me rodeia.

Agora tenho quase oito meses e já começo a sentir-me com coragem para desbravar caminho: já gatinho com os meus pezinhos e mãozinhas de forma muito rápida. Olha ali uma porta meio aberta por debaixo da pia! Vou ver.

A mãe percebeu e disse:

- Não mexas ai Salvador! Esse sítio é perigoso, faz dói-dói ao menino!

Ainda não percebo que os produtos que estão em baixo da pia – os detergentes-, são perigosos para mim. Ela protege-me destas coisas. Trancou as portas dos armários, as janelas, pôs uma grade nas escadas e protecções na cama para que eu não caia.

Os meus pais não me deixam partir os objectos que existem em casa – aqueles que estão ao meu alcance- e, ensinam-me que não devo mexer lá:

- Não mexe ai Salvador, olha que se parte! Essa é a jarra preferida da mamã, se partires depois não há.

Parece que ela está a alertar-me para as consequências dos meus actos. Ainda não percebo muito bem o que ela diz, mas pelo seu olhar já sei que não devo tocar ali. Ali e noutras coisas que existem pela casa.

Desde o primeiro dia... O contacto humano.

A hora do banho é fantástica! A mamã faz-me sempre uma massagem no corpo com um creme perfumado. Fico muito relaxado. E dá-me muitos beijinhos! Todos os bebés deviam receber muito afecto e muito colo. Ouvi a mãe dizer que o toque físico – o dela-, no bebé faz milagres para acalmar, e não é que ela tem razão! Quando me dói a barriguinha – os meus intestinos ainda se estão a habituar ao leito materno -, ela pega-me ao colo e faz-me massagens na barriga. Alivia muito. Por vezes é o pai que me dá banho. Também gosto muito, e ele fica tão orgulhoso de mim. A mãe aproveita para descansar, cuidar de mim nestes primeiros meses é muito cansativo, por isso ela e o pai dividem as tarefas.

Desde que nasci que preciso muito do contacto humano, com os meus pais: preciso que me peguem ao colo – colo não estraga a criança – me acariciem e me estimulem, e vocês já percebem o que eu gosto mais.

Os meus pais trabalham os dois e quando eu tinha 6 meses fui para o infantário. Chorei um pouquinho quando fiquei com a educadora Mariana, estranhei um pouco, mas, agora já estou adaptado. Ela também me mima muito. Os meus pais escolheram bem o infantário. Ouvi-os dizerem que só me deixariam num sítio onde as pessoas fossem muito afectivas com os bebés. E tive muita sorte com a escolha dos meus pais: a Mariana dá-me muita atenção.

§

6 meses... O quarto

Pai e mãe! Necessito de um quarto só para mim. Sabem porquê? Ainda não sei regular o meu sono. Acordo e durmo, varias vezes durante a noite. Tu acordas e acendes a luz, pegas-me, falas comigo. Se eu estiver no meu quarto, ao fim de um tempo durmo outra vez. Assim aprendo a dormir sozinho. E, se eu chorar um bocadinho também não faz mal, desde que eu consiga consolar-me sozinho em pouco tempo. Se demorar muito tempo e chorar muito ajudem-me a adormecer de novo na minha cama, senão fico com um sentimento de abandono e destrutivo. Chorar muito e muito tempo não é bom para os bebés, não serve para educar ou para abrir os pulmões, são crenças populares falsas, que podem provocar muito dano afec-tivo na criança.

Também aprendo que aquele é o meu espaço. E tu e o papá

ficam mais à vontade na vossa intimidade. Põe-me no meu quarto e liga o intercomunicador.

Ah! Não te esqueças, não me deites na tua cama para dormir, o meu lugar é na minha.

Pai e mãe, se tiverem dúvidas sobre mim, perguntem ao pediatra, ou ao psicólogo, são as pessoas que vos podem esclarecer sobre aquilo que não percebem em mim.

Os conselhos das tias e avós são muito úteis, mas podem estar carregados de crenças falsas e de heranças familiares psicológicas que me podem prejudicar.

§

8 a 14 meses: o desmame.

Ainda sou muito dependente de ti, mas já não me contento em receber o que me dás, estou ávido de contacto, já procuro, peço e exijo. Mas, também me estou a "separar" de ti lentamente, até na alimentação, agora estou a perceber que sou distinto de ti, existo separado de ti. Mas por vezes ainda quero mamar muito e todo o dia. Apesar de me perceber separado de ti, estou com dificuldades de separação.

- Mãe, não me afastes de ti para terminares com a minha amamentação. Eu sei que já sou grande, já quero trincar o teu peito e aleijo-te, mas tens que me dar tempo...assim penso que não gostas de mim...penso que te perdi. Tens que ter paciência. Não o faças de forma brusca, senão eu posso adoecer de tristeza. Ficar triste para o resto da minha vida.

É só mais um bocadinho de tempo.

Sabes, se pudesse ficava todo o tempo colado a ti, mas percebo que já sou grande, a minha alimentação tem que mudar, tenho que comer comida de adultos.

Lembras-te que o doutor disse que o desmame deve ser feito com calma, na tua presença. Não me leves para casa da tia para eu esquecer o teu seio. Ajuda-me a despegar-me de ti. Pede ao pai que te ajude a cuidar mais de mim.

Sabes mãe, se eu estiver satisfeito e tu me mostrares como é bom crescer, eu vou evoluir naturalmente, no desmame e amadureço.

A tua atitude neste aspecto é fundamental, se aos pouco começares a intercalar a comida sólida e o leite, eu vou perceber e aceitar. Não precisas de me prender a ti – pela mamada ou biberão- nem de me rejeitar, afastando-te de ti, esperas que comece a apreciar a comida e até beber o leite pelo copo.

§

2, 3 anos... Tudo tem vida.

- Tenho medo da árvore! Ela faz muito vento. Ajuda-me mãe. Fico muito aflito e confuso, penso que tudo tem vida. Explica-me e sossega-me. Quando eu caio é o chão que é mau! Bate-lhe mãe- digo eu-, o chão é mau. E tu bates.

- Ai que o chão é mau, fez mal ao menino. – e dás umas ligeiras palmadas no chão.

Também me assusto com barulhos altos, com as sirenes, é a fase do animismo, alguns meninos da minha idade assustam-se quando começam a perceber os movimentos da natureza – outros não-, mas, eu sou um dos que se assusta. Nem todos somos iguais. Já percebeste? A Maria, filha da vizinha, não tem medo de nada.

É importante que valides o meu sofrimento, os meus medos e não me digas que eles não existem – que são imaginação-, eu ainda não percebo esses conceitos e fico mais tranquilo se me disseres que me vais proteger.

2, 3 anos... Explorando.

- Sabes mãe, gosto muito de abrir as tuas gavetas, ver o que está lá dentro, brincar com os teus Tupperware. Não é para te chatear, nem para desarrumar tudo, estou a aprender a explorar, a conhecer. Esta atitude de curiosidade que me leva a fazer estas coisas é muito importante para a minha vida futura.

-Não deixes coisas perigosas ao meu alcance, posso magoar-me ou beber alguma coisa venenosa durante as minhas explorações, mas não me inibas de mexer em tudo. Estou ávido de perceber o mundo e o que existe em casa, começa por ser o primeiro nicho a explorar. Depois há mais, o jardim, o supermercado, a escola, as pessoas...a natureza...tudo, tudo!

Claro que algumas coisas me são interditas. Não mexo nas tuas coisas pessoais, mas gosto tanto de ver fotos, livros com imagens, brinquedos e sobretudo de ir para a rua ver o mundo. Tudo é novidade e tudo acontece. Ensina-me a explorar em segurança.

Ah! Já agora, se estiveres muito cansada podes pedir ao pai que me leve a ver os patos no lago do jardim, já gosto muito de estar mais tempo com o pai, de passear com ele.

Olhem e lembrei-me que gostaria de ter um irmãozinho ou uma irmãzinha para poder brincar. Não queria ser o vosso único filho. Ter irmãos é bom, tenho com quem partilhar as minhas coisas e a vida.

E o que gosto mais de fazer agora é andar pela casa livremente, carregando os meus brinquedos de um lado para outro. E, lá ficam vocês embevecidos a olhares para mim, divertem-se a observarem-se, e eu exibo-me.

§

2 anos. Movimento de oposição.

Ainda tenho dificuldade em exprimir-me e reconhecer o que quero, por vezes tenho fome e não consigo dizer: choro, fico tenso, insuportável e nada me satisfaz. Fico ofendido contigo e apesar de estar com muita fome, resisto e não quero comer.

- Abre a boca Salvador!- dizes tu e aproximas a colher cheia de sopa, da minha boca.

- Não! Não! Não!- digo eu vezes sem conta.

Fico frustrado porque não consigo fazer coisas que quero fazer e, também porque tu só queres que eu faça o que tu queres, não quero saber que as tuas exigências sejam para me proteger, por isso atiro com coisas para o chão, atiro a colher - quando me alimentas- e se me deixares, o prato também vai para o chão.

Volto a cabeça, aperto os lábios e não como – umas vezes-, outras fico hirto e outras ainda fico indiferente. Sei que tu e o pai ficam irritados porque nestas alturas quase não conseguem que eu me alimente.

Pai e mãe, esta é uma época em que vamos medir forças. Vamos ver quem manda. Se me deixarem faço tudo o que quero, mas cá estão vocês para me ajudarem a refrear as minhas birras. Por vezes estou à procura de atenção. Não fiques aflita mãe! Não fiques zangado pai! Pronto, pronto, já vi as vossas caras sérias, já sei que nem vale a pena continuar.

Não me dês uma palmada pai, mantém-te firme, quero que ponhas um limite no meu comportamento, tenho que aprender a aceitar o não. Mas ainda vou tentar esticar um bocadinho a corda da vossa paciência.

Vou gritar. Piorou. Já percebi. Também não adianta, então, diz-me que não preciso de gritar para dizer que estou zangado e diz-me que não posso ter tudo o que quero, porque vocês não podem comprar.

Se me deixassem levava todos os brinquedos da loja! Mas pronto, levo só um já sei, ou nenhuns, porque nem sempre me devem comprar brinquedos. Vocês devem ajudar-me a escolher os brinquedos. Há brinquedos muito barulhentos e outros até que são perigosos, apesar de eu os querer levar todos para casa, são vocês que decidem quais os brinquedos que eu posso ter.

Mas por favor, não digas que ficas triste com o meu comportamento, senão penso que sou mau, sinto-me culpado. Diz-me quando estou triste, alegre ou zangado... eu aprendo.

2,3 anos. Partilhar.

Vocês dizem-me que sou egoísta não gosto de partilhar penso que é tudo meu. Não é nada disso, apenas sou muito egocentrada ainda.

- Empresta o brinquedo ao amiguinho, Salvador.- dizes tu mãe.

- Não! Não! É meu. – e fico emburrado e com lágrimas nos olhos.

Tens que ter paciência...porque eu vou ser assim ainda um bom tempo. Mas eu aprendo depressa, e aos poucos começo a emprestar as minhas coisas sem resistência. Não é egoísmo é uma fase do meu desenvolvimento. As vezes não me obrigues a partilhar, custa-me mesmo muito, afinal aquele urso é meu, foste tu que mo deste. Ainda não consigo partilhar as minhas coisas, custa-me separar-me delas.

2,3,6 anos. Amizades.

Agora começo a fazer amizades. Gosto de brincar. Leva-me a lugares onde estejam outras crianças, para eu estar com elas. Olha, já pensaste em pôr-me no jardim-de-infância? Já tenho 4 anos e quero aprender outras coisas...

Preciso de aprender a regular as minhas reacções com os outros meninos, e já não estou tão dependente de ti, já faço muita coisa sozinho.

- Tenho imenso prazer em brincar, já viste mãe? Enquanto brinco exprimo os meus sentimentos, é desta forma que me manifesto, e não gosto que me distraiam quando brinco. Quando brinco exprimo os meus sentimentos de forma real. Lembraste de há dias estar a dizer para um dos meus bonecos que ele era muito mau? É que um dos meninos do infantário empurrou-me e é assim que eu conto o que se passa comigo, brincando. Vocês, pai e mãe devem ficar muito atentos às minhas brincadeiras, é assim que podem descobrir o meu mundo interno.

Há coisas necessárias para a minha vida que eu só aprendo convivendo, na sociedade e essas mãe e pai, vocês não me podem ajudar, podem amparar-me e orientar-me, mas tem que me deixar experimentar sozinho.

- Pai e mãe! Quero ir à festa de aniversário da Maria, posso ir?

- Claro meu filho.- respondem vocês. – Quero levar um presente à Maria. Agora já tenho prazer em oferecer presentes aos outros.

§

1,2 anos. Início da autonomia..

Agora quero fazer tudo sozinho. Sinto-me independente.

- Deixa, mamã, o Salvador faz!

- Eu sou capaz mãe, estás a ver!

Deixa-me fazer coisas sozinhas: comer – ainda que fique tudo uma bodega -, vestir, calçar... esta fase é muito importante para a minha vida futura. É assim que eu começo a ter noção das minhas capacidades. Senão me permitirem faze-las, torno-me um inútil, e vocês não querem um filho adolescente ou já adulto, dependente, pois não?

Se não me incentivarem – ainda que depois tenham que me ajudar a calçar, vestir, comer-, no futuro, não tenho iniciativa, espero que os outros façam por mim.

14 a 17 meses. Aprendizagem do asseio.

Mãe, ainda tenho alguma dificuldade em desfazer-me dos meus excrementos. Só tenho 1 ano. Talvez seja muito novo para essa tarefa. O bacio ainda é um objecto estranho e assustador, mas para além disso, as minhas fezes e a urina são meus, pertencem-me. Vai-me falando primeiro que os adultos fazem os cocós e os xixis no bacio, ou na sanita, ainda fico assustado em pôr algo que é meu assim de repente, para fora de mim sinto que não tenho controlo sobre mim.

Quando eu estiver preparado – quando eu tiver maturação neurológica para isso - faço sozinho sem precisares de brigar comigo.

Mas podes ir falando, explicando, agora que já estou mais crescido e ensinar-me onde se fazem os xixis e os cocós. Ai que vem aí umas coisas a sair pelo meu rabo. Fico muito quieto à espera que aconteça. Tu percebeste e dizes:

- Salvador parece que queres fazer cocó? Vamos para o bacio'- dizes tu.

Agora já tenho interesse em ver o que sai de dentro de mim. Já tenho 17 meses. Então vamos lá mãe e fico sentado no bacio no meu quarto à espera que o milagre aconteça. Olha! Vem lá uma coisa estranha, e que me dá prazer! Vou mostrar-te. E lá vou eu procurar-te com o bacio na mão todo orgulhoso do meu presente. Quero que tu vejas e aproves.

- Olha que bonito Salvador! Muito bem. Então agora vamos despejar na sanita. E ajudas-me a desfazer-me do meu cocó. Oh! Desapareceu. És uma boa mãe! Não me ralhas e não me pões de castigo quando faço na fralda – às vezes ainda faço- pelo contrário incentivas-me a expulsar os cocós. E quando faço no bacio ficas muito feliz. Mas cheira muito mal e quando os faço rimo-nos os dois muito, tu torces o nariz e dizes que cheira mal.

§

1, 2 anos. Pesadelos nocturnos.

Ai, que o cavalo morde-me! Tenho muito medo mãe. Mas são pesadelos normais, do meu desenvolvimento. Ajuda-me a não ter medo dos pesadelos. Explica-me que é um sonho, que já se foi embora, que depois adormeço outra vez. Diz que estás ali para me proteger.

- Pronto meu querido, o cavalo, já foi embora, a mãe já o mandou para longe. Não tenhas medo, eu e o pai vamos proteger-te.

Não me digas que é palermice minha e que não está ali nada, fico mais assustado ainda. Nesta fase é normal eu sonhar com animais (cães, lobos, aranhas). São os pesadelos da fase edipiana, é uma fase de desenvolvimento, a garantia que eu sou normal. Quase todos os meninos e meninas passam por esta fase.

2, 3, 4 anos. Mudança de espaços.

Olha, por vezes ainda tenho dificuldade em mudar de espaço com a rapidez que tu queres. Sei que estas aflita para cumprires o teu horário de trabalho, mas eu preciso de me habituar á ideia primeiro. Faço o que for preciso para adiar a saída de casa, dispo-me se for preciso e tenho medo de me separar de ti. Deixa-me levar um objecto de casa. Não fiques zangada. Estou a crescer. Se te mantiveres calma e me disseres que me vais buscar ao jardim infantil quando saíres do trabalho eu fico mais confiante.

§

A MÃE É MINHA

1, 2 anos... Relações com o pai.

A mãe é minha!

Não fiques chateado pai, eu gosto de ti, mas agora estou muito ligado á minha mãe. Depois daqui a um tempo, eu quero é sair contigo, e fazer coisas de homem, agora rivalizo contigo pela atenção da mãe. Também faz parte do meu desenvolvimento. Mas não te afastes, por eu fazer isto nem tenhas ciúmes. Mantém-te sempre presente.

Sabes mãe, o pai é muito importante para a minha vida e para o meu crescimento. Tenho sorte, o meu pai dá-me muita atenção, brinca muito comigo. Começou a pegar-me ao colo tinha eu dias, e sabes, rapidamente aprendi a conhece-la e diferencia-la de estranhos. Conhecia a voz dele tal como a tua.

Agora que já estou mais crescido, quero passar mais tempo com ele, quero saber como é a vida dos homens, quero saber o que o pai faz e quero ser como ele. Mas, não fiques a pensar que não gosto de ti, gosto muito, por vezes até demais, mas nessas alturas, surge o pai, com o seu sorriso e a sua paciência infinita e convida-me para ir passear na rua. E pronto tu ficas mais descansada um tempo, vais fazer coisas que gostas.

As discussões do casal.

Pai e mãe, por favor!?

Evitem discutir na minha frente, não percebo que não é comigo e sinto-me culpado. Sinto-me sozinho, confuso e assustado. Não percebo por mais que me expliquem. Talvez me possam dizer que os adultos se zangam, mas que vocês gostam de mim de igual forma. Não consigo crescer em harmonia num ambiente de conflitos e brigas e, como sou muito egocentrado – penso que tudo acontece por minha causa-, fico a sentir que fui eu que provoquei a situação.

1, 2 anos. Objectos transicionais.

Não me tires o meu ursinho! Nem a minha manta, ou a minha chupeta. Eu gosto muito dela mãe. Representam a minha segurança, o meu conforto. Sem eles sinto-me muito desprotegido. Quando eu me sentir mais seguro, mais autónomo, eu deixo de os querer carregar comigo. Mas tenho que ser eu a decidir...não mos podem tirar á força.

Sei que a minha mantinha está muito suja, que arroja pelo chão, mas sem ela não me sinto seguro. Não te importes com as outras pessoas, sei que a tia diz que é uma porcaria, mas ela não percebe os meus sentimentos. Os objectos que eu gosto de carregar comigo, são o teu prolongamento, são eles que me dão segurança quando tu não estás.

§

1, 2, 3 anos. Contar uma história.

Mãe! pai! Não se esqueçam que preciso de ter rotinas, que me ajudem a regular a minha actividade e as minhas emoções. Preciso de ter horas para dormir, para comer, e se me quiseres contar uma história de fadas à noite, na cama, eu gosto e aprendo a gostar da leitura. Não tem tudo que ser muito rígido. Mas sem regras, não aprendo a controlar-me e a viver em sociedade.

Ah! A propósito da leitura e das histórias. Conta-me aquelas histórias de fadas, como o Capuchinho Vermelho, a Branca de Neve, entre outras,...são muito importantes para o meu desenvolvimento, tem valores morais muito bons e assim eu aprendo a perceber e distinguir o bem do mal.

1, 2, 3 anos. Contar uma história.

Já percebi que os homens e as mulheres são diferentes e estou muito curioso, quero ver e comparar as diferenças do meu corpo com o vosso. Quando vamos à casa de banho na escola eu e os meus amiguinhos espreitamos uns para os outros. Não é por maldade, é porque estamos a entender as diferenças sexuais.

Gostava muito de explorar os meus genitais, quando estava no banho ou sem as fraldas, eu preciso de fazer isso, para conhecer o meu corpo. Não me inibas de o fazer. Preciso disso para a minha vida adulta. Podes é ensinar-me, aos poucos, quando tiver 3 a 4 anos, que posso fazer isso na minha intimidade, sem os outros verem. Assim ensinas-me a preservar a minha vida íntima e a proteger-me de pedófilos.

E agora que já tenho 4 anos brinco às famílias com os meus

amigos. Gosto e ser o pai e por vezes dou beijinhos na Filipa, como tu e o pai fazem. Estou a identificar-me com o pai e a imitar os adultos. Estou a crescer e a aprender.

Perceber estas coisas da sexualidade é muito interessante para mim, mas, é também um espanto, desejo e inquietação. Pai e mãe agradeço pela vossa abertura e serenidade no tratamento deste assunto tão delicado.

Há dias vi a mãe da Bruna dar-lhe umas palmadas porque ela estava a mexer no piu-piu dela. Fiquei assustado, será que era uma coisa assim tão má? E ela dizia:

- Feia! Menina Feia! As meninas bonitas não fazem isso!

Depois percebi que quando eu fazia o mesmo tu me dizias que só devia fazer quando eu estava sozinho.

Há coisas que já não me lembro de me terem explicado, mas ainda bem que o fizeram, agora sinto-me à vontade para perguntar mais e encarar estes assuntos com naturalidade.

Obrigado por não me dizerem que a sexualidade não é uma coisa feia, porca e explicarem-me o que eu pergunto de forma natural, sem muitos pormenores, e já agora...serem os meus pais que eu adoro.

Pronto pai e mãe é tudo que tenho para vos dizer para já. Claro que muita coisa ficou por falar, mas temos a vida toda e muito assunto haverá para correr entre nós futuramente. E chegou a altura de ir para a escola, vêm ai outras aprendizagens.

§§ §§

Algumas explicações teóricas dos papéis e funções dos pais

A Função materna e o olhar da mãe

A partir do momento em que a criança nasce, o olhar materno é o seu espelho. Ao olhar-se no espelho do rosto da mãe o bebé vê-se a si mesmo. O olhar materno transmite ao bebé os sentimentos que a mãe nutre por ele. Pode ser muito olhado (amado), ou pouco olhado (pouco amado).

O olhar materno pode ser bom, mas também pode ser mau[1], ou seja, se o olhar materno for bom, a criança irá ser feliz, bem estruturada, sem angústias desadaptativas, estando criadas as condições para um desenvolvimento harmonioso e uma adultez sadia, se o olhar da mãe for mau[1], então poderão estar criadas condições para um desenvolvimento patológico.

O olhar de amor que a mãe devolve ao bebé, é a base mais sólida da construção da personalidade humana.

Olhar as crianças, não é mau, não provoca mau-olhado, inveja, tira poderes ou outras falsas crenças ainda muito entranhadas nos meios rurais, onde ainda perdura uma cultura popular baseada em tradições, passadas de geração em geração e que nem sempre são geradoras de saúde mental.

Como dizia Donald Winnicott (1967) pediatra e psicanalista

---

1 Entenda-se insuficiente, ausência de olhar, descaso, negligencia.

inglês:

"**Quando olho, sou visto...logo existo. Posso agora me permitir olhar e ver**", ou seja, ver o mundo e o que existe nele, sem medo e através do olhar dos pais nos primeiros anos de vida.

"Uma mãe suficientemente boa" – como diz Winnicott- tendo em conta as diferenças individuais, deve preencher os seguintes requisitos:

Ser provedora das necessidades básicas do filho, sobrevivência física, e psíquica: alimentos, agasalhos, calor, amor, contacto físico ...

Exercer a função de para-excitação[2] dos estímulos que o ego imaturo do bebé não consegue processar pela sua natural imaturidade neurofisiológica. É vulgar ver mães sem saberem o que fazer quando um bebé esta carregado de estímulos e chora muito; ou abanam a criança até á exaustão pensando erradamente que a ajudam a adormecer, ou ignoram-na deixando-a á sua sorte num choro sem fim. Bastava um pouco de calma e contenção e algum colo que desse protecção e a criança acalma.

Possibilitar uma simbiose adequada: as sensações corporais acima referidas adquirem na criança uma dimensão enorme. A mãe deve emprestar o seu corpo á criança e assim dar sentido a

---

2 O recém-nascido ainda não tem o sistema neurológico formado, como tal tem reacções de descontrolo, como chorar muito ou agitar-se muito e cabe à mãe sossega-lo. Nas tribos africanas o bebé é metido num pano e amarrado à mãe e, essa prática serve de para excitação. Noutras tribos enfaixam o bebé recém nascido. Nas culturas ocidentais os bebés são deixados muitas vezes entregues a si próprios nessa função, o que, é extremamente perturbador.

essas sensações possibilitando o "encaixe" dos corpos de ambos, o que se traduz na forma como a mãe pega na criança quando cuida dela para a alimentar, cuidar da higiene ...

Compreender e descodificar a arcaica linguagem do bebé. O bebé comunica através do choro. Chora quando quer comer, quando tem dores, quando está com frio ou calor, quando tem as fraldas sujas. Cabe á mãe descodificar esta linguagem. Quando a mãe baralha tudo e, alimenta quando não tem fome, agasalha quando tem calor, está a criar confusão mental (abre a porta para o mundo da psicose) e doença mental.

Ser uma presença continuada que "entende e atende" as necessidades básicas do bebé, o que lhe vai proporcionar um senso de continuidade, baseada na prazerosa sensação de que ela "continua a existir"

Uma adequada maternagem implica não só a necessária presença da mãe, mas também a condição de saber estar ausente e, com isso, promover uma progressiva e necessária " desilusão das ilusões" em que o bebé aprende a estar sozinho, como por exemplo, não atender de imediato ao primeiro choro da criança. Isso remete-nos a uma função essencial de uma boa maternagem: a de frustrar adequadamente. As frustrações, além de inevitáveis, também são indispensáveis ao crescimento emocional e cognitivo da criança. No entanto se forem demais ou não existirem também são patogénicas. As frustrações em demasia podem ser evitadas, pois tornam-se fonte de dor e castigo, pouco saudável e motivo de revolta. O nunca ser frustrado leva a uma confusão sobre o que é interno e externo, a uma ausência de limites e a um sentimento de omnipotência. As frustrações incoerentes são de igual forma perniciosas. Neste caso da incoerência podemos falar das frustrações ambientais que podem ter sido excessivas e inadequadas, o bebé reage agressivamente com a emissão de sinais de forte agitação, como á espera de que alguém contenha as suas sensações e emoções ainda primitivas, intoleráveis ao pequenos ser. A mãe nestes casos, confunde as sensações, não as descodifica e vai provocando um terror sem nome na criança. Promove a doença mental.

O discurso da mãe é importante pelo nome que dá às coisas, ensina os significados. Assim é ela a fundadora dos valores e das auto-representações da criança. Esta é a função normal. Mas, por vezes a mãe dá um duplo sentido ao seu discurso (double-bind) levando á confusão mental da criança, ficando estas perdidas em papéis de perdedores e desqualificados. São o tipo de mães que dizem "eu te ordeno que não deixes ninguém mandar em ti" ou diz em altos berros "não grites". A criança fica presa nas malhas de um duplo vinculo.

Outro aspecto é a mãe poder emprestar as suas "funções de ego", como as capacidades de perceber, pensar, juízo crítico entre outras funções, de modo a organizar e processar as funções do ego do seu filho enquanto este ainda não as desenvolveu.

Funções paternas

O papel do pai foi tendo destaque ou sendo relegado para segundo plano, conforme a época e os autores em voga. Sabemos hoje, e passados alguns anos sobre algumas teorias que o promoveram e despromoveram, que ambos – pai e mãe -, têm muita importância, mas cada um uma função específica. Assim, de entre as funções que devem ser exercidas pelo pai, damos destaque às seguintes por serem fundamentais:

A segurança e estabilidade que ele dá - ou não-, á mãe na tarefa por vezes árdua e extenuante, de bem educar e promover o crescimento do filho;

A passagem de informação relacional e cultural que se vai repetindo de geração para geração ou seja, repetimos com os nossos filhos a relação que tivemos com os nossos pais;

A imagem que tem da esposa, e que vai influir muito na imagem que o filho terá da mãe, e por sua vez das mulheres, mais tarde na adolescência na relação entre pares e na escolha de companheira que faça para a vida.

A presença física e afectiva que possibilita a separação da mãe e criança, para que esta cresça mentalmente, porque de contrário a relação fusional permanece, (embora haja mães que tem essa função se o pai não a tiver) ficando a criança presa á mãe, sem hipóteses de se socializar; ficando uma criança tímida e inibida perante os outros e que não se desvinculou da mãe.

As adequadas frustrações impostas pela função paterna, pela colocação de limites, ou seja, reconhecimento das limitações e aceitação das diferenças, levando a criança a pensar que também existem outras pessoas nas relações; a apresentação da criança ao mundo, a socialização e a identificação sexual.

Por outro lado, a imagem que a criança constrói do pai, e que futuramente lhe vai permitir construir a sua identificação de género, depende da imagem que a mãe lhe transmitir desse pai. Se a mãe tiver uma imagem desvalorizada do pai, e o afirmar repetidamente no tempo, ou seja, muitas vezes, a criança se menino, não se vai identificar com essa imagem que devia ser viril, mas sim com a imagem da mãe, mulher forte e decidida. O resultado pode-se adivinhar: um rapaz efeminado, e com uma identificação de género ao sexo feminino. No entanto a mulher não tem necessariamente que ser fraca, tem sim que valorizar o papel do pai.

Mas, estes pressupostos nem sempre se cumprem, pois dependem da leitura que a criança fizer do pai e da mãe. Ou seja, face, aquilo que dissemos atrás, nem sempre a criança se vai organizar de forma patológica. Pode ter um pai desvalorizado, e pouco promotor do crescimento mental da criança e mesmo assim o menino pode ter uma evolução afectiva masculina, por identificação com outras figuras masculinas. Mas, se isso se verificar, se o pai for uma figura desvalorizada, estão lançadas as condições para que isso possa acontecer. Logo, o papel do pai, ou de quem o possa exercer na impossibilidade deste estar presente é fundamental para a saúde mental da criança.

Quando o pai está ausente quer por impossibilidade física (morte, emigrante, ou trabalho noutra cidade distante) cabe á mãe manter viva a imagem do pai, como se ele estivesse presente. A mãe mantem a presença do pai, nestes casos, através da imagem que dá ao filho. Acima de tudo deve dar uma boa imagem, valorizada, coerente e de alguém que tem muito afecto pelo filho.

A nossa cultura tem, desde o tempo dos descobrimentos,

pais ausentes. Primeiro pelas descobertas marítimas que levaram muitos homens portugueses para outras paragens, e posteriormente pela emigração, que ocorreu massivamente em algumas décadas do século XX. Estamos no seculo XXI e a história está a repetir-se, os pais estão a começar a estar ausentes dos seus lares - por dificuldades económicas – e emigram. Nas últimas décadas portugueses e brasileiros, pelas mesmas razões – sobrevivência – saíram dos seus países em busca de trabalho e de uma vida mais digna.

A autora

Lídia Craveiro é licenciada em psicologia clínica, especializada em psicoterapia de crianças e adultos e é também terapeuta familiar e de casal.

Tem desenvolvido trabalho institucional e em clinica privada.

Muito cedo- em criança - desenvolveu um gosto enorme pela leitura e uma curiosidade natural pelos seres humanos e as suas motivações, caracteristicas que condicionaram a escolha da profissão.

Viaja com frequência pelo mundo, com a família, conhecendo outras culturas nomeadamente na Ásia, África, Médio Oriente, América Central e Europa, onde visitou muitos países e pretende conhecer mais.

É casada e tem dois filhos.

Nos últimos anos começou a interessar-se pela escrita e frequentou cursos de escrita criativa. É autora de blogues e este é o seu primeiro livro e a primeira aventura na edição. Há vários anos que esta história estava guardada – desde que foi utilizada num projecto de prevenção primária com jovens mães-, à espera de ser publicada.

Contactos:
lidiacraveiro@gmail.com
www.lidia-outrosolhares.blogspot.com
www.viajar-nomundo.blogspot.com
www.lidiacraveiro.pt